Francine Porfirio Ortiz
Viviane Mayer Daldegan

O Ano Litúrgico

Jogos, artes e dinâmicas para a catequese

Petrópolis

© 2017, Editora Vozes Ltda.
Rua Frei Luís, 100
25689-900 Petrópolis, RJ
www.vozes.com.br
Brasil

1ª edição, 2017.
2ª reimpressão, 2025.

Todos os direitos reservados. Nenhuma parte desta obra poderá ser reproduzida ou transmitida por qualquer forma e/ou quaisquer meios (eletrônico ou mecânico, incluindo fotocópia e gravação) ou arquivada em qualquer sistema ou banco de dados sem permissão escrita da editora.

CONSELHO EDITORIAL

Diretor
Volney J. Berkenbrock

Editores
Aline dos Santos Carneiro
Edrian Josué Pasini
Marilac Loraine Oleniki
Welder Lancieri Marchini

Conselheiros
Elói Dionísio Piva
Francisco Morás
Teobaldo Heidemann
Thiago Alexandre Hayakawa

Secretário executivo
Leonardo A.R.T. dos Santos

PRODUÇÃO EDITORIAL

Anna Catharina Miranda
Eric Parrot
Jailson Scota
Marcelo Telles
Mirela de Oliveira
Natália França
Priscilla A.F. Alves
Rafael de Oliveira
Samuel Rezende
Verônica M. Guedes

Projeto gráfico e diagramação: Ana Maria Oleniki
Revisão: Nilton Braz da Rocha
Ilustração de miolo: Alexandre Maranhão, exceto p. 40 e 41, de Gregório Medeiros
Capa: Ana Maria Oleniki

ISBN: 978-85-326-5342-0

Este livro foi composto e impresso pela Editora Vozes Ltda.

Sumário

Apresentação — 5

O Ano Litúrgico — 7

As Cores Litúrgicas — 14

As atividades — 17

1. BOLICHE — 18
2. MARCADOR DE PÁGINAS — 20
3. ADIVINHAÇÃO — 21
4. AMARELINHA — 23
5. DOBRADURA — 25
6. A VOZ DAS CORES — 29
7. BINGO — 31
8. LEQUE — 34
9. GRÁFICO COLABORATIVO — 35
10. TEMPO LITÚRGICO — 39
11. CATA-VENTO — 42
12. VARAL DE BALÕES — 44
13. CHARADA — 46
14. ÁRVORE — 48
15. JOGO DA MEMÓRIA — 51

JOGO   ARTE   DINÂMICA

Apresentação

Querido leitor,

O Ano Litúrgico é um recurso dedicado a catequistas e evangelizadores que desejam apresentar os tempos e as cores litúrgicas de um modo lúdico. Neste recurso você encontrará um texto-base sobre o Ano Litúrgico e as cores litúrgicas, além de jogos, artes e dinâmicas para melhor explicá-los.

A intencionalidade desta obra é servir de apoio à apresentação didática da importância e organização da liturgia dominical no amadurecimento da fé do cristão. Espera-se, assim, favorecer ao cristão reconhecer nas celebrações os tempos da liturgia e seu significado.

É importante que as atividades propostas sejam adaptadas à realidade de cada grupo e enriquecidas sempre que possível.

Convidamos você a compartilhar conosco as suas experiências e sugestões ao trabalhar com este material.

As autoras

viviane@daldegan.pro.br
francine.porfirio@gmail.com

O Ano Litúrgico

> O Ano Litúrgico é o calendário dos cristãos. Por meio dele a Igreja anualmente revive os acontecimentos da História da Salvação, de modo a celebrarmos os momentos mais importantes da vida de Jesus Cristo.

O "domingo é o fundamento e o núcleo do Ano Litúrgico"[1], isso porque a Igreja celebra a cada oitavo dia o Mistério Pascal. Conhecido como o Dia do Senhor, devido à tradição apostólica cuja origem é o mesmo dia da Ressurreição de Cristo, no domingo os cristãos "devem reunir-se para, ouvindo a Palavra de Deus e participando da Eucaristia, lembrarem-se da Paixão, Ressurreição e Glória do Senhor Jesus"[2].

Ao relembrarmos os ensinamentos de Jesus Cristo por meio do Ano Litúrgico, somos convidados a nos unirmos ainda mais a Ele na fé. Isso porque, enquanto cristãos, fortalecemos nosso compromisso como discípulos missionários de Jesus Cristo ao celebrarmos a obra libertadora de Deus em favor da humanidade. Obra esta que ocorre por meio de seu Filho no contato com o Mistério da Encarnação e tendo como centro o Mistério de sua Morte e Ressurreição, o Mistério Pascal, apresentado nas celebrações que compõem o Ano Litúrgico.

Cada acontecimento que compõe o Ano Litúrgico é uma oportunidade de renovar o sentido da nossa própria vida através da celebração da liturgia, em rituais, símbolos e gestos. Nestes, ainda que a comunidade esteja reunida, cada cristão vive ao seu modo a experiência de encontro com Jesus Cristo no decorrer do Ano Litúrgico. Isso ocorre porque cada celebração convida os irmãos católicos para dela fazerem parte: "Todos participam dos gestos, todos falam e cantam, acompanham a procissão, acompanham a ação do momento, como na representação do Domingo de Ramos, quando todos, com ramos de

---

[1] SACROSANCTUM CONCILIUM: Constituição do Concílio Vaticano II sobre a Sagrada Liturgia. Edição jubilar. Petrópolis: Vozes, 2013, n. 106.

[2] SACROSANCTUM CONCILIUM: Constituição do Concílio Vaticano II sobre a Sagrada Liturgia. Edição jubilar. Petrópolis: Vozes, 2013, n. 106.

palmeira nas mãos, louvam o Cristo que chega"[3]. A participação do cristão, sua sintonia com os acontecimentos da História da Salvação, é a natureza intrínseca da liturgia. Sem o real relacionamento entre o cristão e o Mistério da Salvação revivido anualmente no Ano Litúrgico, a ação divina não se realiza no rito e a transformação pessoal de vida acaba por se perder.

As datas propostas pelo Ano Litúrgico não coincidem com o ano civil. Enquanto este se inicia no dia 1° de janeiro e termina no dia 31 de dezembro, o Ano Litúrgico tem início no Advento (quatro semanas antes do Natal) e termina no sábado da última semana do Tempo Comum.

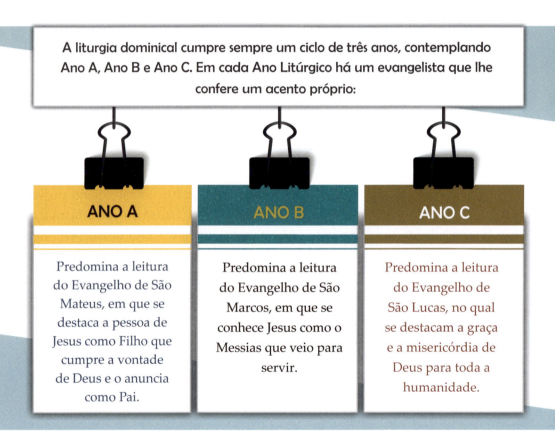

Além das leituras destes evangelistas é válido dizer que algumas provêm do Evangelho de São João.

---

[3] GRÜN, A. & REEPEN, M. *O Ano Litúrgico como ritmo para uma vida plena de sentido.* Petrópolis: Vozes, 2013, p. 12.

Em
cada ciclo trienal (A, B e C) da liturgia dominical, o Ano Litúrgico organiza-se da seguinte maneira:

TEMPO DO ADVENTO
(quatro domingos antes do Natal)

Envolve o mês de dezembro, dividindo-se em duas partes. Do 1º Domingo do Advento a 16 de dezembro, a Igreja se dedica a sustentar a esperança e a expectativa da segunda vinda de Jesus (no fim dos tempos). Do dia 17 a 24 de dezembro, a Igreja se prepara para o Natal, celebrando a primeira vinda do Senhor encarnado à humanidade.

Promovendo o despertar de uma espiritualidade de esperança e jubilosa expectativa, as celebrações do Tempo do Advento anunciam a vinda do Messias. O símbolo mais comum desse Tempo é a coroa do advento, com quatro velas a serem acesas a cada domingo por representarem a progressiva vinda da Luz até o resplendor do Natal.

> A coroa ou guirlanda do advento [...] é uma guirlanda verde, sinal de esperança e vida, enfeitada com uma fita vermelha, que simboliza o amor de Deus que nos envolve, e também a manifestação do nosso amor, que espera ansioso o nascimento do Filho de Deus[4].

A **cor litúrgica** do Tempo do Advento é **roxa**. O terceiro domingo, no entanto, é reconhecido como o Domingo "Gaudete", ou seja, Domingo da alegria. Isso porque o Natal se aproxima, sendo possível usar **cor-de-rosa** como tom mais suave.

---

[4] MACARI. *O Natal e seus símbolos*. São Paulo: Paulinas, 1981, p. 4-5.

TEMPO DO NATAL

Inicia-se no dia 24 de dezembro, à noite, na chamada vigília do Natal e prossegue até a Festa do Batismo do Senhor. A celebração do Natal do Senhor prolonga-se por oito dias, que em seu conjunto formam a Oitava do Natal. Algumas Festas e Solenidades são celebradas neste período: Festa da Sagrada Família, Solenidade de Santa Maria Mãe de Deus, Solenidade da Epifania do Senhor e a Festa do Batismo do Senhor, quando o Tempo do Natal se encerra.

A **cor litúrgica** do Tempo do Natal é **branca**, representando a fé, a alegria e o acolhimento a Jesus, o Filho de Deus que se fez homem. Dentre os símbolos do Natal se destacam: o presépio, que representa a pobreza, humildade e fé, ensinamentos que devem acompanhar a vida do cristão; a estrela, que lembra como os três magos foram guiados até Belém para adorar o Filho de Deus e, também, que representa a Luz de Cristo e do mundo (este é um dos motivos pelos quais, no Natal, se usam luzes em diversas formas e cores); a árvore, que representa a resistência, o Cristo como sinal de força da vida, a alegria e um novo tempo de renovação das esperanças (quando ornamentada com bolas coloridas, recorda os frutos que o cristão deve produzir).

TEMPO DA QUARESMA

Envolve desde a Quarta-feira de Cinzas até a Quinta-feira Santa antes da Missa da Ceia do Senhor. O 4º Domingo da Quaresma, chamado "Laetare", é caracterizado pela alegria da Páscoa que se aproxima, de modo que se pode usar paramento cor-de-rosa por sua suavidade. Após o 5º Domingo da Quaresma temos o "Domingo de Ramos e da Paixão do Senhor", em que se inicia a Semana Santa. Nesse dia a cor litúrgica é vermelha.

A partir do período vespertino da Quinta-feira Santa inicia-se o Tríduo Pascal, que envolve: Quinta-feira Santa, Sexta-feira Santa e Sábado Santo.

Na Quinta-feira, à tarde, celebra-se a Missa da Ceia do Senhor e o Lava-pés sob a cor litúrgica branca, porque é um dia festivo no qual se celebra a instituição do Sacramento da Eucaristia. Na Sexta-feira Santa celebra-se a Ação Litúrgica da Paixão e Morte de Nosso Senhor Jesus Cristo sob a cor litúrgica vermelha, para relembrar o sangue derramado na entrega de Cristo com sua morte na cruz. No Sábado Santo, à noite, celebra-se a Vigília Pascal sob a cor litúrgica branca, que simboliza a presença do Cristo Ressuscitado no meio de nós, a vida que venceu a morte.

Durante o Tempo da Quaresma promove-se uma espiritualidade de penitência e conversão por meio de ensinamentos sobre a misericórdia de Deus. A cor litúrgica usada nesse tempo é a roxa.

TEMPO PASCAL

Inicia-se a partir do 1º Domingo da Páscoa e termina com a Solenidade de Pentecostes. No 7º Domingo da Páscoa celebra-se a Solenidade da Ascensão do Senhor. O Tempo Pascal é o período em que celebramos a Ressurreição de Jesus Cristo, momento que nos edifica como Igreja. Trata-se da fonte de todas as celebrações do Ano Litúrgico, uma vez que se refere ao mistério da redenção dos pecados, ou seja, ao Mistério Pascal.

A partir das celebrações do Tempo Pascal, promove-se uma espiritualidade de alegria em Cristo Ressuscitado, comprometendo-se com o valor da vida e o seguimento a Jesus Cristo. A cor litúrgica do Tempo Pascal é a **branca**.

TEMPO COMUM

Envolve 33 a 34 domingos, sendo um tempo dividido em duas partes. A primeira tem início no dia seguinte à Festa do Batismo do Senhor, indo até a terça-feira anterior à Quarta-feira de Cinzas (quando começa a Quaresma). A segunda parte do Tempo Comum inicia-se na segunda-feira depois do Domingo de Pentecostes, encerrando no sábado que antecede ao 1º Domingo do Advento, quando um novo Ano Litúrgico começa. O Tempo Comum refere-se à caminhada da Igreja no seguimento a Jesus Cristo, alimentada pelos sacramentos. Os temas de cada domingo são independentes, embora pautados em determinada leitura da Sagrada Escritura e imbuídos dos ensinamentos.

A cor litúrgica do Tempo Comum é **verde** e, neste período, promove-se uma espiritualidade de escuta da Palavra de Deus. O principal ensinamento presente no Tempo Comum é o anúncio do Reino de Deus.

Convém salientar que, quando o Tempo Comum reinicia na segunda-feira após a Solenidade de Pentecostes, no domingo seguinte celebra-se a Solenidade da Santíssima Trindade, quando se usa a cor **branca** na liturgia.

O Ano Litúrgico

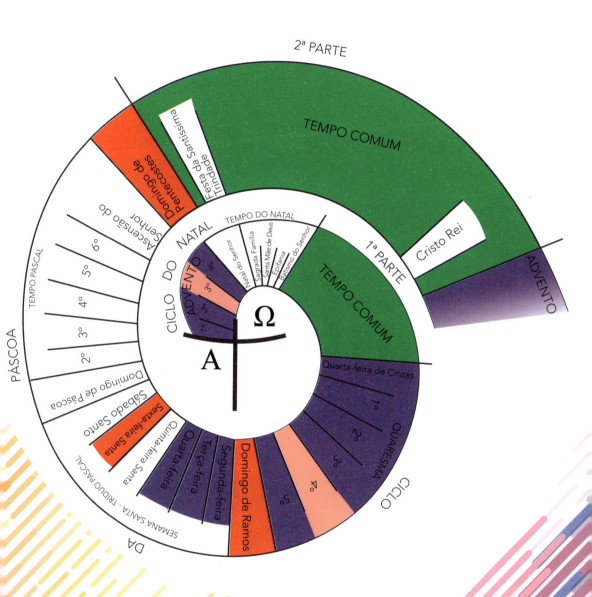

As Cores Litúrgicas

Nas celebrações eucarísticas há cores específicas a serem usadas para identificar o acontecimento cristão e o tempo do Ano Litúrgico. Essas cores estão presentes nos paramentos do celebrante, na toalha do altar e do ambão, e noutros símbolos litúrgicos de cada celebração.

As diferentes cores litúrgicas visam manifestar externamente o caráter dos mistérios celebrados, e também a consciência de uma vida cristã que progride com o desenrolar do Ano Litúrgico. Vamos identificar e relacionar na sequência em que momentos do Ano Litúrgico as cores são utilizadas e o que representam.

COR ROXA

Advento, Quaresma, Semana Santa (até Quinta-feira Santa pela manhã), celebração de Finados e, também, Exéquias. Representa arrependimento, penitência, humildade e serenidade.

COR BRANCA

Solenidade do Natal, Tempo do Natal, Quinta-feira Santa, Vigília Pascal do Sábado Santo, Festa de Nossa Senhora, Solenidades e Festas do Senhor, celebrações de Santos e Tempo Pascal. Representa alegria, vitória, ressurreição e pureza.

COR VERMELHA

Domingo de Ramos e da Paixão do Senhor, Sexta-feira da Paixão, Domingo de Pentecostes e celebração dos santos mártires, apóstolos e evangelistas. Representa martírio, amor divino e fogo do Espírito Santo. É a cor usada nas missas de crisma.

COR VERDE

Durante o Tempo Comum, exceto quando o domingo dá lugar às Festas ou Solenidades, momentos nos quais a cor litúrgica é usada de acordo com o fato ou acontecimento celebrado como, por exemplo, na Solenidade da Santíssima Trindade. A cor verde usada no Tempo Comum representa esperança, crescimento e fé em Jesus.

Algumas cores usadas com menor frequência:

COR ROSA: Pode-se usar no 3º Domingo do Advento (chamado "Gaudete") e no 4º Domingo da Quaresma (chamado "Laetare"). Esses dois domingos são caracterizados, na liturgia, como "domingos da alegria" devido ao tom jubiloso de seus textos.

COR DOURADA: Pode-se usar em grandes Solenidades do Ano Litúrgico como Páscoa, Natal... É a cor usada nas grandes Solenidades e Festas litúrgicas.

COR PRETA: Pode-se usar na celebração de Finados.

É importante considerar que, se uma Festa ou Solenidade ocorrer no domingo, substituindo a celebração do tempo litúrgico, usa-se então a cor litúrgica da Festa ou Solenidade. Saiba quais Solenidades e Festas podem ocorrer no domingo:

Domingo após a Epifania do Senhor, até 13 de janeiro: Batismo do Senhor

2 de fevereiro: Apresentação do Senhor

24 de junho: Natividade de São João Batista

29 de junho (sendo domingo ou no domingo entre 28 de junho e 4 de julho): São Pedro e São Paulo, apóstolos

6 de agosto: Transfiguração do Senhor

15 de agosto (sendo domingo ou no domingo seguinte): Assunção de Nossa Senhora

14 de setembro: Exaltação da Santa Cruz

12 de outubro: Nossa Senhora da Conceição Aparecida

1º de novembro: Todos os Santos (quando o dia 2 de novembro cair no domingo, a celebração permanece no dia 1º de novembro)

2 de novembro: Comemoração dos Fiéis Defuntos (Finados)

9 de novembro: Dedicação da Basílica do Latrão

8 de dezembro: Imaculada Conceição de Nossa Senhora

Domingo após o Natal, em dezembro: Sagrada Família (se não houver domingo até o fim de dezembro, comemora-se no dia 30 de dezembro)

As atividades

As atividades propostas neste material vêm favorecer a explicação lúdica dos tempos e cores litúrgicas no espaço da catequese. Sugere-se que, ao realizar qualquer uma delas, procure-se complementar, elucidar e explicar, sempre que possível, as informações que os participantes estarão conhecendo. A intencionalidade das atividades é servir de apoio para que o momento de apresentar os elementos que compõem o Ano Litúrgico seja enriquecido com criatividade e cooperação.

Ainda, as cores preto, dourado e cor-de-rosa não foram adicionadas nas atividades por serem de uso opcional. Sugere-se, portanto, que sejam cores apresentadas como informação complementar aos participantes durante as atividades.

BOLICHE

Número de participantes: ilimitado. Se desejar, poderá providenciar kits de boliche para cada dez jogadores.

Materiais:

4 garrafas pet vazias, papel sulfite, tesoura, cola, fita adesiva, lápis e canetinhas coloridas, uma bola pequena (que possa ser usada para derrubar as garrafas).

Como fazer:

Recorte 4 tiras de papel branco de 10 x 30 cm e pinte cada uma com as cores litúrgicas: roxo, verde e vermelho. Mantenha uma tira branca (sem pintar). Com a fita adesiva, fixe em cada garrafa uma das tiras contendo a cor do tempo litúrgico.

Reproduza ou fotocopie as tarjas de papel (na página 19) com informações sobre as Solenidades, Festas ou significados das cores litúrgicas. Depois recorte-as, enrole-as e coloque-as dentro da garrafa conforme a cor à qual pertencem. Tampe as garrafas.

Oriente os jogadores sobre as regras:

1. Cada jogador lançará a bola, quantas vezes precisar, até derrubar todas as garrafas.

2. A cada garrafa derrubada, o jogador receberá uma informação correspondente à cor litúrgica dela e a lerá em voz alta para todo o grupo.

3. Vence quem conseguir derrubar as quatro garrafas com o menor número de tentativas.

Entregue a bolinha ao primeiro jogador e marque certa distância entre o local do lançamento e as garrafas, que devem estar posicionadas lado a lado. Marque, de modo visível, cada ponto dos participantes. A cada informação lida sobre as cores litúrgicas, esclareça dúvidas.

Representa alegria.

Representa pureza.

Representa Ressurreição.

É a cor utilizada no Tempo do Natal.

É a cor utilizada no Tempo da Páscoa.

É a cor utilizada nas Festas de Nossa Senhora e dos Santos.

Representa o Espírito Santo.

Representa o martírio.

Representa o amor divino.

Representa Pentecostes.

É a cor usada na Sexta-feira da Paixão.

É a cor usada no Domingo de Ramos.

Representa a humildade.

Representa a penitência.

Representa o arrependimento.

É a cor usada no Tempo do Advento.

É a cor usada no Tempo da Quaresma.

Representa a fé em Jesus.

Representa a esperança.

Representa o crescimento.

É a cor utilizada no Tempo Comum.

MARCADOR DE PÁGINAS

Número de participantes: ilimitado.

Materiais:

Página contendo o modelo de marcador e as estolas (ver página 55) para cada participante, lápis de cor e canetinhas coloridas, tesoura sem ponta.

Como fazer:

Distribua a página contendo o modelo de marcador e quatro estolas para cada participante. Oriente para que pintem as estolas com as cores indicadas.

Com uma tesoura sem ponta, oriente para que recortem as estolas que coloriram. Depois, recortem a imagem do padre (página 55).

Peça que recortem a linha pontilhada para fazer a dobra do marcador de páginas. Sugira que usem o marcador de páginas no seu manual de catequese ou na sua Bíblia, relacionando a estola com a cor do tempo litúrgico vivido.

No decorrer do ano de catequese, ao mudar o tempo litúrgico, é possível resgatar as informações e explorar as palavras escritas nos marcadores de páginas dos participantes. Isso porque esses marcadores são úteis para que os participantes melhor e progressivamente localizem-se nos momentos vividos na liturgia dominical e na sua experiência de fé.

ADIVINHAÇÃO

Número de participantes: ilimitado.

Materiais:

Folhas de papel sulfite ou similar, fita adesiva, canetinhas coloridas e tesoura sem ponta. Sugere-se uma música ambiente animada.

Como fazer:

Divida os participantes em quatro grupos. Oriente para que escrevam, individualmente, numa folha de papel sulfite todas as frases (separadamente) correspondentes ao seu grupo.

GRUPO 1
"É a cor litúrgica do Tempo Comum." | "Representa esperança." | "Representa crescimento." | "Representa fé em Jesus."

GRUPO 2
"É a cor litúrgica do Domingo da Paixão." | "É a cor litúrgica do Domingo de Ramos." | "É a cor litúrgica da Sexta-feira da Paixão e do Domingo de Pentecostes." | "Representa martírio e amor divino." | "Representa o fogo do Espírito Santo."

GRUPO 3
"É a cor litúrgica do Tempo do Advento." | "É a cor litúrgica do Tempo da Quaresma." | "É a cor litúrgica da Semana Santa." | "Representa arrependimento e penitência." | "Representa humildade e serenidade."

GRUPO 4
"É a cor litúrgica da Solenidade do Natal e do Tempo do Natal." | "É a cor litúrgica da Quinta-feira Santa e da Vigília Pascal." | "É a cor usada no Sábado Santo e na Festa de Nossa Senhora." | "No Tempo Pascal é a cor litúrgica predominante." | "Representa alegria, vitória, ressurreição e pureza."

Depois, peça para os participantes cortarem quatro tarjas de papel para si mesmos. Numa delas deverão escrever **BRANCO**, noutra VERDE, noutra ROXO e, finalmente, VERMELHO. Oriente para que coloquem um pedacinho de fita adesiva em cada tarja, deixando metade para fora a fim de colá-la em algum lugar.

Um a um, peça que cada membro do grupo 1 cole seu papel sulfite nas costas de um membro do grupo 2, 3 ou 4. Oriente que ninguém deverá ler o que está escrito. Depois, peça que cada membro do grupo 2 cole seu papel sulfite nas costas de um membro do grupo 1, 3 ou 4. E assim por diante até que todos tenham colado seu papel sulfite nas costas de algum membro de outro grupo.

Solicite que cada participante esteja segurando suas quatro tarjas de papel com o nome das cores e coloque-se de pé no centro do ambiente.

Oriente as regras:

1. Todos circularão na sala com o objetivo de ler o papel que está nas costas dos colegas e adivinhar qual é a cor litúrgica à qual o papel se refere.

2. Sobre a frente do colega (barriga, ombros, braços, pernas...), cada participante deverá colar sua tarja com a cor que acha se adequar ao que está escrito nas costas dele.

3. Ao colar sua tarja, leia para o colega em questão uma das frases escritas às suas costas.

4. **Atenção:** procure colar tarjas em quem ainda não tem nenhuma.

Ao final da dinâmica, quando já tiverem fixado todas as suas tarjas, incentive que os participantes expressem como foi a experiência e se aprenderam qual cor litúrgica corresponde a cada explicação que leram nas costas dos colegas. Faça um levantamento dos resultados, corrigindo possíveis erros nas tarjas fixadas. Seria relevante informar que cada grupo apresentou uma cor litúrgica e seu significado: o grupo **1** explicou a cor **verde**, o grupo **2** a cor **vermelha**, o grupo **3** a cor **roxa** e o grupo **4** a cor **branca**.

Pode-se solicitar aos participantes para que façam comentários sobre o que sabem das frases que foram usadas na dinâmica.

AMARELINHA

JOGO 4

Número de participantes: ilimitado.

Materiais:

4 cartolinas brancas, fita adesiva, lápis de cor ou giz de cera, canetinhas coloridas e uma pequena bola de papel ou pedra. É necessário que o chão do local onde se realizará o jogo permita fixar as cartolinas com a fita adesiva.

Como fazer:

Dividir os participantes em quatro grupos. Para cada grupo, entregar uma cartolina e pedir que a cortem ao meio, na posição retrato. Orientar do seguinte modo:

GRUPO 1 — Contornar as duas partes da cartolina de verde e nelas escrever: "Verde é a cor litúrgica do Tempo Comum." | "Representa esperança." | "Representa crescimento." | "Representa fé em Jesus."

GRUPO 2 — Contornar as duas partes da cartolina de vermelho e nelas escrever: "Vermelho é a cor litúrgica do Domingo de Ramos e da Paixão." | "Vermelho é a cor litúrgica da Sexta-feira da Paixão e do Domingo de Pentecostes." | "Representa martírio e amor divino." | "Representa o fogo do Espírito Santo."

GRUPO 3 — Contornar as duas partes da cartolina de roxo e nelas escrever: "Roxo é a cor litúrgica do Tempo do Advento." | "Roxo é a cor litúrgica do Tempo da Quaresma e da Semana Santa." | "Representa arrependimento e penitência." | "Representa humildade e serenidade."

GRUPO 4 — Deixar as duas partes da cartolina na cor branca e nelas escrever: "Branco é a cor litúrgica da Solenidade do Natal e do Tempo do Natal." | "Branco é a cor litúrgica da Quinta-feira Santa e da Vigília Pascal." | "Branco é a cor usada no Sábado Santo e na Festa de Nossa Senhora." | "No Tempo Pascal a cor litúrgica predominante é a branca." | "Representa alegria, vitória, ressurreição e pureza."

Com a fita adesiva, fixar as cartolinas formando a amarelinha. Sugere-se cuidar para alternar entre uma e duas casas. Por exemplo:

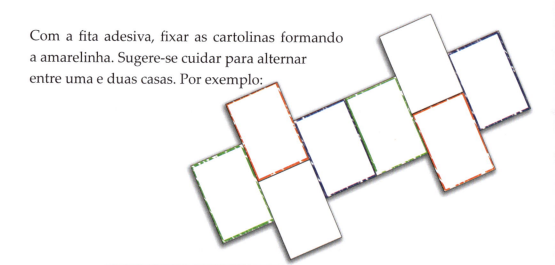

Com a amarelinha pronta, orientar as regras do jogo:

1 Cada cartolina representa uma "casa".

2 O jogador deve lançar a pedra na primeira casa, cuidando para que esta não ultrapasse os limites da cartolina.

3 Pular em um pé só em cada "casa", saltando aquela em que está a pedra. Quando houver casas duplas pode-se pular com os dois pés, desde que a pedra não esteja em uma delas.

4 Ao chegar na última casa, dar meia-volta e retornar pulando até encontrar a casa em que está a pedra. Agachar para pegar a pedra, mantendo-se em um pé só na casa anterior (de cima para baixo). Com a pedra na mão, o jogador deverá ler uma das frases da casa onde estava a pedra.

5 O jogo prossegue até que o jogador pise fora da casa, erre a casa ou arremesse a pedra para fora da casa conforme a sequência estabelecida. Nestes casos passará sua vez para o colega até que este erre também. Ao retornar para o jogo, deverá partir de onde estava.

6 O vencedor do jogo será aquele que chegar em primeiro na última casa.

Enquanto os participantes estiverem lendo o conteúdo de cada casa, é importante complementar as informações sobre o Ano Litúrgico e facilitar o entendimento de todos sempre que possível.

5. DOBRADURA

Número de participantes: ilimitado.

Materiais:

Uma folha de papel sulfite para cada participante, tesoura, canetinhas e lápis de cor. Uma cópia das perguntas e respostas para cada participante ou para cada dupla de participantes (ver páginas 27 e 28).

Como fazer:

Oriente os participantes a realizarem a dobradura conforme os passos na sequência. Se possível, faça a dobradura ao mesmo tempo de modo a melhor ilustrar.

1. Dobre a folha sulfite no formato de um triângulo, frisando a marca da dobra. Corte a tira de papel que não faz parte do triângulo. Abra a folha, você terá um quadrado.

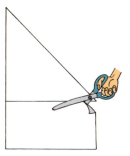

2. Dobre em formato de triângulo novamente, porém juntando a outra parte que ainda não havia dobra. Frise a dobra.

3. Abra a folha. Una todas as pontas ao meio.

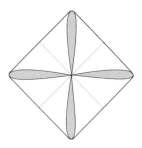

4. Vire o papel ao contrário e novamente una as pontas ao meio.

5. Deixe as pontas que acabou de dobrar para o lado de dentro, dobrando ao meio e formando um retângulo.

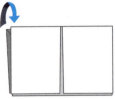

6. Levante cada uma das abas que estão aparecendo, colocando seus quatro dedos sob elas, procurando uni-las no centro.

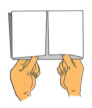

7. Agora que a dobradura está finalizada, oriente para:

- Abrir a dobradura cuidadosamente.
- Em cada um dos oito lados, fazer uma marquinha usando uma das cores do tempo litúrgico: verde, roxa, branca e vermelha.
- Ficar atento ao escrever na dobradura, lembrando-se de distribuir os tempos litúrgicos e suas cores corretamente. Naquelas cores que representam dois tempos litúrgicos distintos, orientar para colocar iniciais que as representem, como no roxo, por exemplo: T.A. (Tempo do Advento) e T.Q. (Tempo da Quaresma).

Descreva as regras:

1. Em dupla, pedir ao colega para que diga um número de 1 a 10.

2. Movimente seus dedos abrindo e fechando a dobradura para ambos os lados. A cada abertura conta-se um número até chegar àquele que o colega disse.

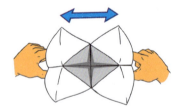

3. Pedir ao colega para escolher uma das cores. Em seguida, conferir a qual tempo litúrgico se refere a cor escolhida. Escolher na lista de perguntas e respostas uma questão correspondente ao tempo litúrgico que o colega optou.

É importante ressaltar que o propósito das perguntas e respostas é aprender sobre o Ano Litúrgico, de modo que não há vencedores ou perdedores nesta atividade.

Perguntas e respostas para brincar com a dobradura:

Tempo do Advento (cor roxa)

Quantos domingos fazem parte do Tempo do Advento?

R.: Quatro domingos.

O que o Tempo do Advento antecede?

R.: O nascimento de Jesus.

Qual a importância do Tempo do Advento?

R.: É um tempo de espera e de preparação do cristão para relembrar que Deus enviou seu Filho para viver entre nós e revelar seu amor à humanidade.

Tempo do Natal (cor branca)

Quando se inicia o Tempo do Natal?

R.: Na noite do dia 24 de dezembro.

Quando se encerra?

R.: O Tempo do Natal vai até a Festa do Batismo do Senhor.

Tempo Comum (cor verde)

O Tempo Comum acontece em dois momentos durante o Ano Litúrgico. Quais são eles?

R.: O primeiro momento se inicia no dia seguinte à Festa do Batismo do Senhor e termina na Terça-feira anterior à Quarta-feira de Cinzas. O segundo momento se inicia na segunda-feira depois do Domingo de Pentecostes, encerrando no sábado que antecede ao 1° Domingo do Advento, contemplando 34 domingos.

O que os evangelhos do Tempo Comum nos revelam?

R.: Conhecemos mais sobre a vida, as obras, os milagres, os gestos e as mensagens de Jesus.

Tempo da Quaresma (cor roxa)

Quando o Tempo da Quaresma inicia?

R.: Na Quarta-feira de Cinzas.

Quanto tempo dura?

R.: Da Quarta-feira de Cinzas até a Quinta-feira Santa antes da Missa da Ceia do Senhor.

O que fazemos no Tempo da Quaresma?

R.: Paramos para rever a vida, as atitudes. É um momento de oração, de conversão, de mudança pessoal.

Tempo Pascal (cor branca)

Que solenidades celebramos no Tempo Pascal?

R.: Solenidade da Ascensão do Senhor e Pentecostes.

Quando o Tempo Pascal acontece?

R.: Inicia-se a partir do 1° Domingo da Páscoa e termina na Solenidade de Pentecostes (50 dias após a ressurreição de Jesus), quando celebramos a presença de Jesus Ressuscitado em nosso meio e suas aparições.

A VOZ DAS CORES

Número de participantes: ilimitado.

Materiais:

Massinha de modelar de várias cores, duas cartolinas brancas, papel crepom colorido, papel celofane colorido, lápis de cor, canetinhas coloridas, duas tesouras sem ponta, cola, perucas (de lã, retalhos de tecidos, papel ou outros materiais) e tecidos coloridos.

Como fazer:

Distribua os participantes em quatro grupos. Oriente que cada grupo representará uma cor litúrgica: vermelha, branca, verde ou roxa. Informe que cada grupo receberá um material diferente e deverá fazer uma breve apresentação criativa mencionando quais tempos litúrgicos esta cor litúrgica representa e quais são seus significados. Na apresentação, o grupo não deverá mencionar sua cor, pois os demais participantes deverão adivinhá-la a partir da apresentação realizada. Poderá dramatizar uma cena bíblica à qual esta cor identifica, recitar um poema, contar uma história, criar um cenário e explicá-lo, enfim, a criatividade é livre.

Para cada grupo, ofereça os seguintes materiais e orientações:

Entregar massinha de modelar e uma cartolina para representarem a cor litúrgica vermelha. Dizer que o vermelho é a cor do Domingo de Ramos e da Paixão do Senhor, da Sexta-feira da Paixão e do Domingo de Pentecostes. Por isso, representa martírio, amor divino e o fogo do Espírito Santo.

Entregar as perucas e os tecidos para representarem a cor roxa. Dizer que o roxo é a cor litúrgica do Tempo do Advento, do Tempo da Quaresma e da Semana Santa. Por isso, representa arrependimento e penitência, humildade e serenidade.

GRUPO 3

Entregar o papel crepom, o papel celofane e uma tesoura para representarem a cor branca. Dizer que o branco é a cor litúrgica da Solenidade do Natal e do Tempo do Natal, da Quinta-feira Santa e da Vigília Pascal, do Sábado Santo e da Festa de Nossa Senhora. É a cor usada no Tempo Pascal. Representa alegria, vitória, ressurreição e pureza.

GRUPO 4

Entregar uma cartolina, as canetinhas, o lápis de cor, a cola e uma tesoura para representarem a cor verde. Dizer que o verde é a cor litúrgica usada no Tempo Comum. Neste período aprendemos sobre a vida de Cristo e por isso a cor verde representa esperança, crescimento e fé em Jesus.

Durante as apresentações não é necessário que todos do grupo participem (em grupos grandes, pode ser difícil fazê-lo), mas convém dizer que seria bacana se o grupo se esforçasse para permitir que todos desempenhem algum papel. Ao final da apresentação de cada grupo perguntar aos demais participantes qual cor acham que está sendo apresentada. Esclarecer dúvidas caso haja erros, complementando dados sobre a cor litúrgica em questão, e parabenizar a criatividade de cada grupo nas apresentações.

Seria interessante, ainda, informar sobre o uso das cores dourado, preto e cor-de-rosa a fim de complementar a atividade (ver página 15).

BINGO

Número de participantes: ilimitado.

Materiais:

Uma cartela do bingo junto com o texto As Cores e o Tempo Litúrgico para cada participante (ver página 33), algo para marcar a cartela durante o bingo (pedrinhas, sementes, bolinhas de papel...), canetas e um cartaz com as perguntas a serem sorteadas. Se possível, sugere-se ter música ambiente.

Como fazer:

Entregue a cada participante informações sobre o Ano Litúrgico (tempos e cores), e uma cartela do bingo. Apresente o cartaz com as perguntas a serem sorteadas:

1. Quantos domingos fazem parte do Tempo do Advento?
2. O que o Tempo do Advento antecede?
3. Qual a importância do Tempo do Advento?
4. Quando se inicia o Tempo do Natal?
5. Quando se encerra o Tempo do Natal?
6. O que aprendemos nos evangelhos do Tempo Comum?
7. Quando o Tempo da Quaresma inicia?
8. Quanto dura o Tempo da Quaresma?
9. O que fazemos no Tempo da Quaresma?
10. Que Solenidades celebramos no Tempo Pascal?
11. Qual é a cor do Domingo de Ramos e da Paixão do Senhor?
12. Qual é a cor do Tempo Comum?

Respostas das perguntas para o catequista-animador:

1. Quatro domingos.
2. O nascimento de Jesus.
3. É um tempo de espera e de preparação do cristão para relembrar que Deus enviou seu Filho para viver entre nós e revelar seu amor à humanidade.
4. Na noite do dia 24 de dezembro.
5. O Tempo do Natal vai até a Festa do Batismo do Senhor.
6. Aprendemos mais sobre a vida, as obras, os milagres, os gestos e as mensagens de Jesus.
7. Na Quarta-feira de Cinzas.
8. Da Quarta-feira de Cinzas até a Missa da Ceia do Senhor.
9. Paramos para rever a vida, as atitudes. É um momento de oração, de conversão, de mudança pessoal.
10. Solenidade da Ascensão do Senhor e Pentecostes.
11. Vermelha.
12. Verde.

Oriente para que os participantes, individualmente, escolham responder seis dessas perguntas e escrevam tais respostas na cartela (uma em cada quadro). Informe que o bingo funcionará do seguinte modo: as perguntas serão sorteadas e os participantes deverão marcar com sementes ou pedrinhas as respostas correspondentes a elas.

Prepare as perguntas em tiras de papel e coloque-as numa sacola ou caixa. Sorteie seis perguntas, dando tempo para que cada participante marque a resposta se a escreveu em sua cartela.

Sugere-se combinar com os participantes quantos quadros deverão ser marcados para que feche a rodada do bingo. Quando o participante disser "bingo" é necessário conferir se as respostas estão corretas de acordo com as perguntas sorteadas. Como prêmio sugere-se que o ganhador tenha a oportunidade de sortear a próxima rodada do bingo.

As Cores e o Tempo Litúrgico

Cor ROXA
Representa arrependimento, penitência, humildade e serenidade.

É a cor litúrgica utilizada no Tempo do Advento, que dura os quatro domingos que antecedem o nascimento de Jesus. O Tempo do Advento é um momento de preparação do cristão para relembrar que Deus enviou seu Filho para viver entre nós e revelar seu amor à humanidade.

A cor litúrgica roxa é, também, utilizada no Tempo da Quaresma, que se inicia na Quarta-feira de Cinzas e dura seis semanas. Durante a Quaresma paramos para rever a vida, as atitudes. É um momento de conversão, de mudança pessoal.

A cor roxa, ainda, é utilizada na Semana Santa (até a Quinta-feira Santa pela manhã), celebração de Finados e Exéquias.

Cor BRANCA
Representa alegria, vitória, ressurreição e pureza.

É a cor litúrgica utilizada na Solenidade do Natal (inicia-se em 24 de dezembro e dura três semanas, até a Festa do Batismo do Senhor), no Tempo do Natal, na Quinta-feira Santa, na Vigília Pascal do Sábado Santo, na Festa de Nossa Senhora, nas Festas do Senhor e celebração dos Santos. No Tempo Pascal (que se inicia no Domingo de Páscoa até o Pentecostes, 50 dias após a ressurreição de Jesus) também é predominante a cor branca, quando celebramos a presença de Jesus Ressuscitado em nosso meio e suas aparições.

Cor VERMELHA
Representa martírio, amor divino e fogo do Espírito Santo.

É a cor litúrgica utilizada no Domingo de Ramos e da Paixão, na Sexta-feira da Paixão, no Domingo de Pentecostes e na celebração dos mártires, apóstolos e evangelistas.

Cor VERDE
Representa esperança, crescimento e fé em Jesus.

É a cor litúrgica utilizada no Tempo Comum, quando conhecemos mais sobre a vida, as obras, os milagres, os gestos e as mensagens de Jesus.

LEQUE

Número de participantes: ilimitado.

Materiais:

Cartolina branca, tesoura, régua, lápis grafite, lápis de cor (verde, roxo e vermelho), fita de cetim estreita e furador de papel.

Como fazer:

Oriente para que os participantes desenhem na cartolina o formato de uma gota, cinco vezes, no tamanho de 15 x 12,5 cm, e recortem. Com o furador, peça que façam um furo na extremidade mais estreita de cada gota.

Peça que pintem apenas um lado da gota na cor verde, outra na cor vermelha e outra na cor roxa. Deixar as outras duas na cor branca. Oriente para escreverem no verso das gotas:

 Na gota que pintou de **verde** – TEMPO COMUM: representa a fé em Jesus, a esperança e o crescimento.

 Na gota que pintou de **roxo** – TEMPO DO ADVENTO E DA QUARESMA: representa a humildade, a penitência e o arrependimento.

 Na gota que pintou de **vermelho** – FESTA DE PENTECOSTES, SEXTA-FEIRA DA PAIXÃO E DOMINGO DE RAMOS: representa o fogo do Espírito Santo, o martírio e o amor divino.

 Na gota em **branco** – TEMPO DO NATAL, TEMPO PASCAL, FESTA DE NOSSA SENHORA E DOS SANTOS: representa a alegria, a pureza e a ressurreição.

 Usar a gota em **branco** que restou como capa, nela escrever: AS CORES DO TEMPO LITÚRGICO.

Diga para unirem as gotas passando a fita de cetim nos furos e fazendo um laço.

Motive-os a usar o leque ensinando as pessoas de sua família sobre o significado das cores em cada tempo litúrgico, Festas e Solenidades que participam em suas comunidades.

GRÁFICO COLABORATIVO

Número de participantes: ilimitado.

Materiais:

Cópias dos gráficos 1, 2 e 3 das páginas 36, 37 e 38. Providenciar para cada participante o gráfico de seu respectivo grupo (1, 2 ou 3), lápis de cor e canetas. Se possível, sugere-se ter música ambiente.

Como fazer:

Divida os participantes em três grupos e entregue para cada um, o gráfico, de acordo com seu grupo. Explique que este gráfico apresenta o Ano Litúrgico com suas referidas cores, no entanto está incompleto.

Informe que cada grupo traz dados diferentes no seu gráfico.

Depois, peça que os participantes circulem pela sala para trocar com os colegas dos outros grupos os dados que lhes faltam (completar os conteúdos e cores faltantes).

Ao final da dinâmica, cada participante terá completado seu gráfico de forma colaborativa. Conversar sobre os ciclos do tempo litúrgico e esclarecer seu movimento em espiral, cíclico, que se repete anualmente. Complementar as informações sobre outras cores, solenidades e acontecimentos litúrgicos, informando também sobre os Anos A, B e C.

GRÁFICO 1

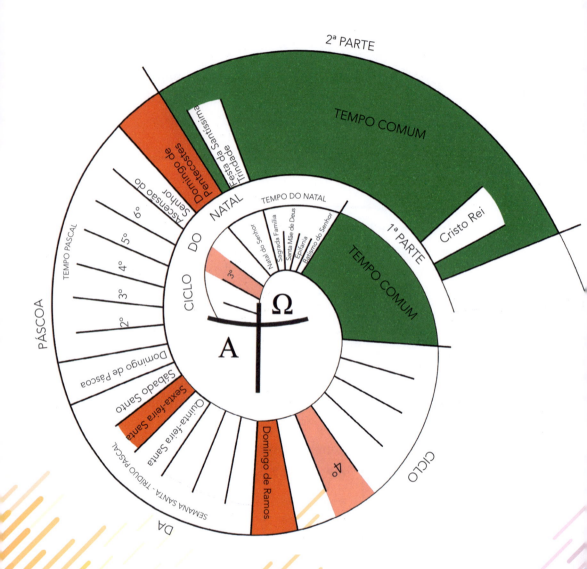

GRÁFICO 2

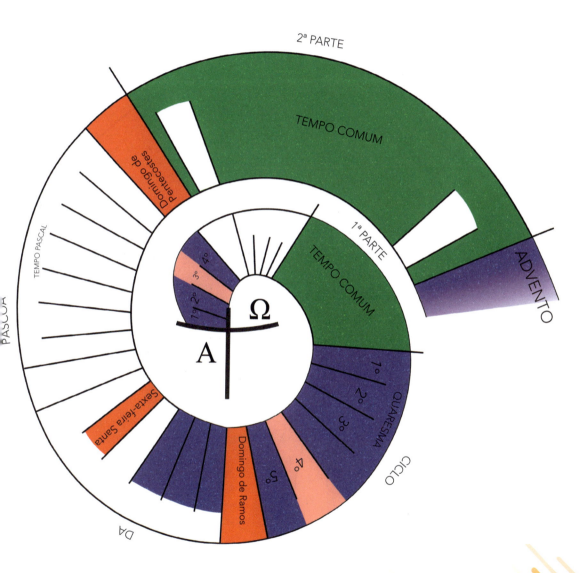

GRÁFICO 3

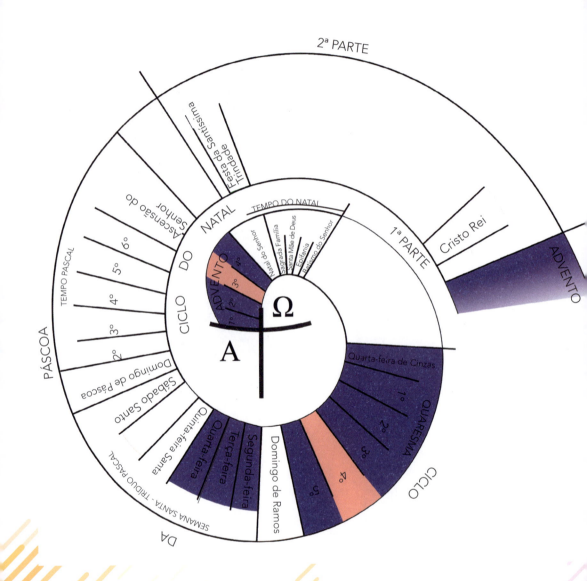

TEMPO LITÚRGICO

JOGO 10

Número de participantes: quatro jogadores por tabuleiro.

Materiais:

Cartolina (uma para cada tabuleiro), régua, lápis grafite, lápis de cor, canetinhas coloridas, tesoura, cola ou fita adesiva, fotocópia da página 40 (personagens e dado para o jogo) e da página 41 (tabuleiro) para cada quatro participantes.

Como fazer:

Forme grupos de quatro participantes e entregue a cada grupo uma folha com os personagens e o dado. Orientar para que montem os personagens recortando-os sobre os pontilhados e depois colando-os no formato de cone. Pedir que recortem também o dado nos pontilhados e montem-no colando.

Depois, entregar para cada grupo a folha do tabuleiro como modelo. Peça para que reproduzam o tabuleiro em tamanho maior na cartolina.

Oriente as regras para o jogo:

1. Cada jogador deverá escolher um personagem.

2. O dado deverá ser passado do jogador da esquerda para o da direita.

3. Cada jogador irá colocar o seu personagem na linha de saída somente quando conseguir jogar o dado e este cair com o lado vermelho para cima.

4. Os jogadores irão percorrendo o tabuleiro conforme as coordenadas indicadas pelo dado, por exemplo: a cor verde ficou para cima, então devo andar com meu personagem até a casa verde mais próxima de onde estava parado o personagem.

5. Ao mover a peça, cada jogador poderá ler em voz alta o que está escrito na casa em que chegou, se houver algo escrito.

Será vencedor quem conseguir atingir a casa de chegada, mas mais do que isso, quem conseguir se divertir e também aprender com este jogo.

Jogo do Tempo Litúrgico

O TEMPO DO NATAL INICIA NA NOITE DE 24 DE DEZEMBRO.
Avance até o sino que anuncia o nascimento de Jesus.

O TEMPO DA QUARESMA SE INICIA NA QUARTA-FEIRA DE CINZAS.
Avance até o Tempo Pascal.

O TEMPO DA QUARESMA É DE CONVERSÃO E DURA 6 SEMANAS.
Volte 6 casas.

O TEMPO PASCAL TEM INÍCIO NO DOMINGO DA PÁSCOA.
Avance até o túmulo vazio.

O TEMPO PASCAL DURA 50 DIAS ATÉ PENTECOSTES.
Siga até um símbolo de Pentecostes: a pomba.

O TEMPO DO ADVENTO É DE ESPERA.
Aguarde a próxima rodada.

O TEMPO DO ADVENTO TEM 4 SEMANAS.
Avance 4 casas.

SAÍDA

CHEGADA

NO TEMPO COMUM CONHECEMOS MUITOS MILAGRES E GESTOS QUE JESUS REALIZOU. Agora, você precisa da cor de Pentecostes para vencer o jogo.

UM DOS MOMENTOS DO TEMPO COMUM É APÓS PENTECOSTES E DURA 34 SEMANAS ATÉ O ADVENTO.
Fique uma rodada sem avançar.

CATA-VENTO

Número de participantes: ilimitado.

Materiais:

Papel sulfite, palito de churrasco e percevejo (um para cada participante), régua, lápis de cor, canetinhas coloridas, tesoura e cola líquida.

Como fazer:

Com o uso da régua, orientar para cortar o papel sulfite em tamanho 15 x 15 cm, formando um quadrado. Depois, desenhar um X no centro do quadrado.

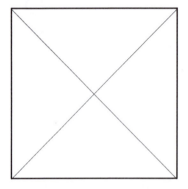

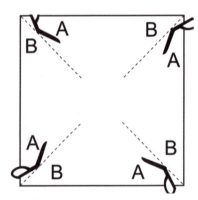

Recortar sobre o X, mantendo uma distância de 2 cm no centro. Pintar um dos triângulos de vermelho, outro de verde e outro de roxo. Deixar um dos triângulos em branco.

Cada triângulo ficou agora com duas pontas (A e B).

Na ponta A, escrever:

No triângulo **verde** – TEMPO COMUM.

No triângulo **roxo** – TEMPO DO ADVENTO E DA QUARESMA.

No triângulo **vermelho** – FESTA DE PENTECOSTES, SEXTA-FEIRA DA PAIXÃO E DOMINGO DE RAMOS.

No triângulo **branco** – TEMPO DO NATAL, TEMPO PASCAL, FESTA DE NOSSA SENHORA E DOS SANTOS.

No centro do quadrado, colocar uma gotinha de cola. Levar cada ponta correspondente à letra B para o centro, fixando-as na gotinha de cola. Não dobrar as folhas (deixá-las curvadas).

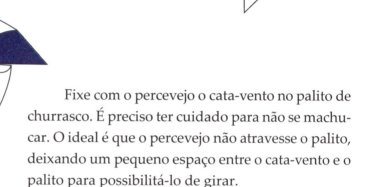

Fixe com o percevejo o cata-vento no palito de churrasco. É preciso ter cuidado para não se machucar. O ideal é que o percevejo não atravesse o palito, deixando um pequeno espaço entre o cata-vento e o palito para possibilitá-lo de girar.

Incentive os participantes a mostrarem o cata-vento aos seus familiares e amigos para explicar-lhes o que aprenderam sobre o Ano Litúrgico. Ressalte que o movimento circular do cata-vento representa o movimento cíclico do tempo litúrgico.

12 DINÂMICA

VARAL DE BALÕES

Número de participantes: ilimitado.

Materiais:

Canetinhas de cores escuras, barbante longo, fita adesiva e balões (bexigas) de cores verde, roxo, branco e vermelho (quantidade suficiente para que cada participante fique com um balão). Se possível, sugere-se ter música ambiente.

Como fazer:

Disponha os participantes em círculo. Para cada um deles, entregue um balão vazio (alterne entre verde, vermelho, branco e roxo) e informe que representam as principais cores litúrgicas. Peça que encham seu balão e oriente que cada participante dará seu balão ao colega do lado direito quando ouvirem o catequista-animador bater uma palma.

Enquanto estiverem com um balão em mãos, escreverão nele a informação correspondente à cor do balão em questão, a ser dada a cada rodada.

Depois que os balões estiverem cheios, inicie dizendo:

RODADA 1

"Quem estiver com o balão vermelho, escreva: Domingo da Paixão.
Quem estiver com o balão roxo, escreva: Tempo do Advento.
Quem estiver com o balão branco, escreva: Tempo do Natal.
Quem estiver com o balão verde, escreva: Tempo Comum."

RODADA 2

"Quem estiver com o balão vermelho, escreva: Domingo de Pentecostes.
Quem estiver com o balão roxo, escreva: Tempo da Quaresma.
Quem estiver com o balão branco, escreva: Quinta-feira Santa.
Quem estiver com o balão verde, escreva: Esperança."

"Quem estiver com o balão vermelho, escreva: Fogo do Espírito Santo.
Quem estiver com o balão roxo, escreva: Arrependimento e penitência.
Quem estiver com o balão branco, escreva: Ressurreição e pureza.
Quem estiver com o balão verde, escreva: Fé em Jesus."

"Quem estiver com o balão vermelho, escreva: Domingo de Ramos.
Quem estiver com o balão roxo, escreva: Semana Santa.
Quem estiver com o balão branco, escreva: Tempo Pascal.
Quem estiver com o balão verde, escreva: Crescimento."

Se achar melhor, pode prosseguir as rodadas preparando mais informações sobre as cores litúrgicas. Ao final, no entanto, é importante ressaltar que o Ano Litúrgico é cíclico. Dizendo isso, com o uso do barbante, pode-se ir amarrando um balão no outro até formar um varal. Com a fita adesiva, sugere-se fixá-lo em um lugar visível até que o conceito do calendário cristão esteja claro aos participantes.

CHARADA

Número de participantes: ilimitado.

Materiais:

Informações sobre as cores litúrgicas separadamente (roxo, vermelho, verde e branco), papel crepom (roxo, vermelho, verde e branco), sucata (rolos de papel higiênico, tinta guache, fita de cetim, papel celofane...), canetinhas coloridas, tesoura, cola e cartolinas/papel Kraft.

Como fazer:

Orientar os participantes que será realizado um jogo, no qual uma equipe será a vencedora. Por isso, antes de o jogo ter início, convide a todos para que, juntos, construam o troféu a ser entregue para a equipe que ganhar. Oriente para usarem, principalmente, as cores litúrgicas: roxo, vermelho, verde e branco. Se desejar, o troféu pode ser levado pronto, sem sua construção coletiva.

Depois que o troféu estiver disponível, divida os participantes em quatro equipes. Para cada uma delas, entregue o texto de uma cor. São eles:

A cor roxa representa arrependimento, penitência, **humildade** e serenidade. É a cor litúrgica utilizada no Tempo do Advento, que ocorre antes do **nascimento** de Jesus. É, também, a cor litúrgica usada no Tempo da Quaresma, quando paramos para rever a **vida**, as atitudes. É um momento de conversão, de **mudança** pessoal.

A cor branca representa **alegria**, vitória, ressurreição e pureza. É a cor litúrgica utilizada na Solenidade do **Natal**, no Tempo do Natal, na Quinta-feira Santa, na Vigília Pascal do Sábado Santo, na Festa de Nossa Senhora, nas **Festas** do Senhor e celebração dos Santos. No Tempo Pascal também é predominante a cor branca, quando celebramos a **presença** de Jesus Ressuscitado em nosso meio e suas aparições.

A cor vermelha representa martírio, **amor** divino e **fogo** do Espírito Santo. É a cor litúrgica utilizada no Domingo da Paixão e de Ramos, na **Sexta-feira** da Paixão, no Domingo de Pentecostes e na celebração dos mártires, **apóstolos** e evangelistas.

A cor verde representa **esperança**, crescimento e **fé** em Jesus. É a cor litúrgica usada no **Tempo** Comum, quando conhecemos mais sobre a vida, as obras, os **milagres**, os gestos e as mensagens de Jesus.

1 Oriente que cada texto apresenta quatro palavras em negrito. Cada equipe apresentará aos demais participantes quatro charadas relacionadas ao conteúdo cujas respostas deverão ser cada uma das quatro palavras em negrito. A equipe que conseguir obter as quatro palavras como respostas às suas charadas em menos tempo será a vencedora.

2 As charadas podem consistir de códigos a serem decifrados; o que é o que é; palavras diferentes que, quando unidas, formam a resposta; desenhos... A criatividade é livre e as equipes podem fazer uso das cartolinas/papel Kraft e canetinhas disponíveis para facilitar o processo (as charadas devem estar prontas antecipadamente, de modo a não serem produzidas no momento da apresentação).

3 Ao final da apresentação de cada equipe, o texto que lhes foi entregue deverá ser lido para todos. Aproveitar o momento para complementar informações e curiosidades, incluindo as cores preto, dourado e cor-de-rosa.

14 ÁRVORE

Número de participantes: ilimitado.

Materiais

Balões (bexigas) pequenos, barbante branco, tinta para tecido (verde, vermelha e roxa), alfinete, tesouras, papel sulfite, fita de cetim estreita, furador de papel, um vaso plástico, três vasilhas plásticas, cola líquida, galhos secos, fio de nylon, lápis de cor, canetinhas coloridas, terra, pedras ou areia.

Como fazer:

Prepare os galhos secos no vaso, utilizando terra, pedras ou areia para fixá-los no formato de uma árvore.

Divida os participantes em quatro grupos. Entregue a cada grupo duas folhas de papel sulfite e peça que as cortem em cinco tarjas.

Ofereça a cada grupo as seguintes informações:

GRUPO 1 — (Escreverá apenas quatro tarjas) – pintar suas tarjas de verde e escrever cada frase numa tarja individual: "Verde é a cor litúrgica usada no Tempo Comum." | "Representa esperança." | "Representa crescimento." | "Representa fé em Jesus."

GRUPO 2 — Pintar suas tarjas de vermelho e escrever cada frase numa tarja individual: "Vermelho é a cor litúrgica usada no Domingo de Ramos e da Paixão do Senhor." | "Vermelho é a cor litúrgica usada na Sexta-feira da Paixão." | "Vermelho é a cor litúrgica usada no Domingo de Pentecostes." | "Representa martírio e amor divino." | "Representa o fogo do Espírito Santo."

GRUPO 3

Pintar suas tarjas de roxo e escrever cada frase numa tarja individual: "Roxo é a cor litúrgica usada no Tempo do Advento." | "Roxo é a cor litúrgica usada no Tempo da Quaresma." | "Roxo é a cor litúrgica usada na Semana Santa." | "Representa arrependimento e penitência." | "Representa humildade e serenidade."

GRUPO 4

Deixar suas tarjas brancas e escrever cada frase numa tarja individual: "Branco é a cor litúrgica usada na Solenidade do Natal e do Tempo do Natal." | "Branco é a cor litúrgica usada na Quinta-feira Santa e na Vigília Pascal." | "Branco é a cor usada no Sábado Santo e da Festa de Nossa Senhora." | "Branco é a cor usada no Tempo Pascal." | "Representa alegria, vitória, ressurreição e pureza."

Depois peça que cada grupo faça um furo na extremidade de sua tarja usando o furador de papel. Ofereça-lhes alguns pedacinhos de fita de cetim para que passem pelo furo de cada tarja e façam um nozinho.

Entregue para cada participante um balão pequeno e peça que o encha.

Numa vasilha misture a cola líquida com um pouco de água, depois coloque algumas gotas da tinta vermelha para tecido. Repita este processo nas outras duas vasilhas, colocando a tinta verde e a tinta roxa separadamente. Na quarta vasilha, apenas misture a cola com a água, sem tinta. Entregue as vasilhas para os seus respectivos grupos (vermelho, roxo, verde e branco – este último sem a tinta).

Distribua pedaços de barbante para cada participante e oriente para que o enrolem nos seus balões de forma aleatória, deixando espaços (vale a pena demonstrar o movimento).

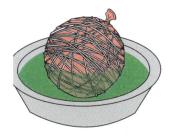

Depois peça que, cuidadosa e individualmente, molhem o balão enrolado no barbante na vasilha de sua equipe.

Deixe as bolinhas secarem e, quando o barbante parecer firme, usando o alfinete, fure todos os balões. Peça que cada participante retire o balão estourado entre o emaranhado de sua bolinha com cuidado. Entregue pedaços de fio de nylon para cada participante e peça que cada um passe-o na sua bolinha fazendo um nozinho.

Oriente para que todos decorem a árvore de galhos secos com as tarjas e as bolinhas. Aproveite o momento para perguntar o que aprenderam sobre as cores litúrgicas e informe que a árvore representa o Ano Litúrgico a ser vivido como cristãos.

Uma variação para esta arte pode ser completar a árvore em cada início de novo tempo litúrgico, preparando para isso um momento de oração.

JOGO DA MEMÓRIA

Número de participantes: grupos de quatro participantes.

Materiais:

Meia cartolina, canetinhas coloridas, giz de cera colorido, tesoura e régua para cada grupo de quatro participantes.

Como fazer:

Distribuir os materiais para cada grupo de quatro participantes. Pedir que recortem a meia cartolina em 24 quadrados de 10 centímetros cada.

Oriente para que preparem 12 quadrados da seguinte forma:

› Somente em uma das faces de cada quadrado (deixando o seu verso em branco), devem escrever, no centro, um dos números de 1 a 12.

› Oriente para que pintem ao redor dos números, usando a cor conforme se apresenta na tabelinha:

Número	Cor	Número	Cor	Número	Cor	Número	Cor
1	Branco	4	Verde	7	Rosa	10	Vermelho
2	Roxo	5	Dourado	8	Branco	11	Branco
3	Vermelho	6	Preto	9	Roxo	12	Branco

Peça que preparem os outros 12 quadrados da seguinte forma:

› Somente em uma das faces de cada quadrado (deixando o seu verso em branco), escrever no canto superior direito, em tamanho pequeno, um dos números de 1 a 12.

› Oriente para que no centro de cada quadrado escrevam as informações correspondentes a cada número, de acordo com a tabelinha:

Número	Informação	Número	Informação
1	Festa da Sagrada Família	7	"Gaudete" – 3º Domingo do Advento e "Laetere" – 4º Domingo da Quaresma
2	Quarta-feira de Cinzas	8	Solenidade de Santa Maria Mãe de Deus
3	Domingo de Ramos	9	Tempo do Advento
4	Tempo Comum	10	Celebração dos mártires, apóstolos e evangelistas
5	Solenidade do Natal	11	Festa da Sagrada Família
6	Celebração de Finados	12	Solenidade da Epifania do Senhor

Respostas para o jogo da memória

Cada quadrado numerado (de 1 a 12) corresponde a:

1. (cor branca) = Festa da Sagrada Família
2. (cor roxa) = Quarta-feira de Cinzas
3. (cor vermelha) = Domingo de Ramos
4. (cor verde) = Tempo Comum
5. (cor dourada) = Solenidade do Natal
6. (cor preta) = Celebração de Finados
7. (cor rosa) = "Gaudete" – 3º Domingo do Advento e "Laetere" – 4º Domingo da Quaresma
8. (cor branca) = Solenidade de Santa Maria Mãe de Deus
9. (cor roxa) = Tempo do Advento
10. (cor vermelha) = Celebração dos mártires, apóstolos e evangelistas
11. (cor branca) = Festa da Sagrada Família
12. (cor branca) = Solenidade da Epifania do Senhor

Depois que os quadrados estiverem prontos, oriente para que cada grupo se sente no chão em círculo. No centro do círculo, peça que coloquem os quadrados deixando apenas a face em branco (sem nada escrito) para cima e misturem.

Informe as regras do jogo da memória:

1 O primeiro jogador deve virar dois quadrados para ver o que há escrito.

2 Quando o número de um quadrado corresponder ao número de outro (1 com 1, 2 com 2...), o jogador poderá retirar os quadrados que se correspondem e deixá-los ao seu lado. A cada vez que isso ocorrer (um quadrado corresponder ao outro), o jogador poderá jogar de novo.

3 Quando os dois quadrados virados não se corresponderem, é preciso passar a vez para o próximo jogador. Antes disso, deve-se desvirar os quadrados, deixando-os sempre com a face branca para cima.

4 Peça para que cada participante esteja atento ao que está escrito nos quadrados quando virados, pois vencerá quem conseguir acumular o maior número de quadrados correspondentes.

5 Explique que o jogo apresenta a correspondência não apenas entre os números, mas entre as cores e os acontecimentos litúrgicos que elas representam. Ao final, quando todos tiverem concluído o jogo e somado os pontos, converse sobre o que aprenderam e complemente as informações sobre as Solenidades, os tempos litúrgicos e suas cores.

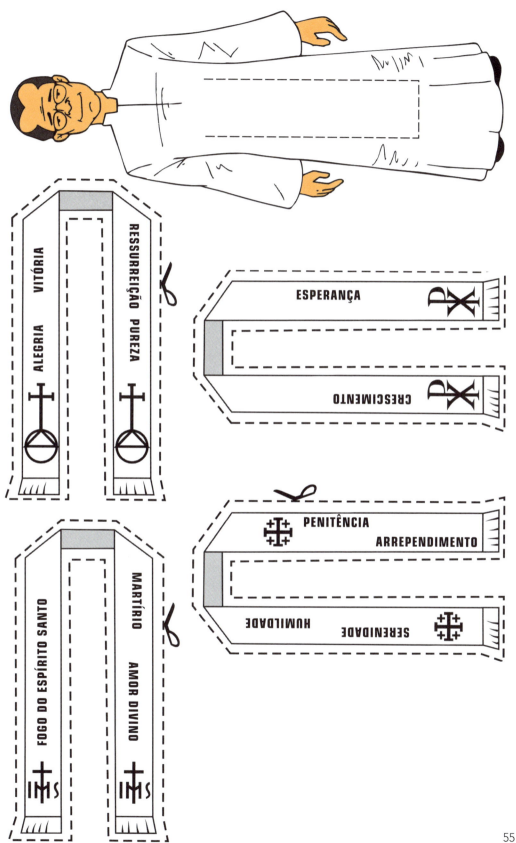